AF706045

तजुर्बात

सफ़र के दरमियाँ

ओम प्रकाश हवेलिया

BookLeaf Publishing
India | USA | UK

Copyright © ओम प्रकाश हवेलिया
All Rights Reserved.

This book has been self-published with all reasonable efforts taken to make the material error-free by the author. No part of this book shall be used, reproduced in any manner whatsoever without written permission from the author, except in the case of brief quotations embodied in critical articles and reviews.

The Author of this book is solely responsible and liable for its content including but not limited to the views, representations, descriptions, statements, information, opinions, and references ["Content"]. The Content of this book shall not constitute or be construed or deemed to reflect the opinion or expression of the Publisher or Editor. Neither the Publisher nor Editor endorse or approve the Content of this book or guarantee the reliability, accuracy, or completeness of the Content published herein and do not make any representations or warranties of any kind, express or implied, including but not limited to the implied warranties of merchantability, fitness for a particular purpose.

The Publisher and Editor shall not be liable whatsoever...

Made with ❤ on the BookLeaf Publishing Platform
www.bookleafpub.in
www.bookleafpub.com

Dedication

समर्पण

उन सबके नाम
जो मेरी ज़िंदगी में
रहे भी–
और
नहीं रह पाये भी।

जिनसे बहुत कुछ मिला,
और
जिनके रह जाने से
बहुत कुछ समझ में आया।

Preface

भूमिका

यह किताब कविताओं का संग्रह भर नहीं है।
यह उन सवालों, ठहरावों और स्वीकारों की यात्रा है
जो ज़िंदगी के साथ चलते-चलते
अक्सर मन के भीतर ही ठहर जाते हैं।

हम ज़िंदगी में बहुत कुछ हासिल करते हैं–
नाम, शिनाख़्त, रिश्ते, अनुभव।
लेकिन समय के साथ यह सवाल
धीरे-धीरे और गहरा हो जाता है–
जो मिला, वह क्या था?
और जो रह गया, वह क्यों रह गया?

इन कविताओं में न कोई उत्तर थोपे गए हैं,
न कोई नतीजे सुनाए गए हैं।
ये बस उन पलों की आवाज़ हैं
जहाँ मन रुककर
अपने ही जीवन की ओर देखता है।

अगर इन पंक्तियों में
आपको कहीं अपनी ख़ामोशी,
अपनी ख़लिश,
या अपना सुकून

दिखाई दे जाए—
तो समझिए,
यह किताब अपने मक़सद तक पहुँच गई।

Acknowledgements

आभार

मैं आभारी हूँ उन सबका।
जो जाने-अनजाने
मेरी ज़िंदगी का हिस्सा बने।

परिवार का–
जिनकी मौजूदगी ने मुझे पहचान दी।

दोस्तों का–
जिनकी संगत ने सवालों को आवाज़ दी।

उन लोगों का भी–
जो साथ नहीं रहे,
पर जिनके न रहने से
बहुत कुछ लिखने लायक बना।

और अंत में–
ज़िंदगी का,
जिसने मुझे तोड़ा भी,
संभाला भी,
और हर बार
कुछ नया सिखा दिया।

1. सफ़र की शुरुआत

सफ़र की शुरुआत
किसी मंज़िल से नहीं होती—

वह एक सवाल से होती है
जिस का ज़वाब हम उम्र भर
खोजते रहते हैं।

2. वक़्त का सिलसिला

आहिस्ते-आहिस्ते
वक़्त का सिलसिला चलता रहा,
दिल में अतीत का
एक ख़ामोश घर बसता रहा।

ग़मों ने भी
अपनी तान छेड़ी,
ख़ुशियों ने भी मुस्कुराया,
धागों-सा
दिन-रात का जाल
बुनता रहा,
टूटता रहा।

राह में
कितने ही चेहरे मिले,
फिर धुंध में खो गए,
मैं बस
अपनी ही दुनिया में ठहरा,
गुनगुनाता रहा।

वक़्त की नाव
जब भी
उस पुराने साहिल से टकराई,
धुंध में ढका हुआ

चेहरा-ए-माज़ी
चमकता रहा।

जो बीत चुका था,
वो फिर
करवट लेके जाग उठा,
और आज की अमन पे
अपनी परछाईं
फैलाता रहा।

मैंने तो चाहा था
कि सब कुछ
पीछे ही छोड़ दूँ,
पर हर मोड़ पर
अतीत ही
मुझको पुकारता रहा।

इस धुंधली छवि में,
छिपी यादें,
दिल के कोने में,
सिसकियाँ भरती रहीं।
ख्वाबों के रंगों से,
जगमगाते रहे पल,
पर वक्त का सच ,
हमेशा गाँठे बुनता रहा।

3. ज़िन्दगी

ज़िन्दगी ख़्वाब है,
मौत है जागना–
मैं जानता हूँ;
तुझसे जो होगी मुलाक़ात,
वही
असल इब्तिदा-ए-हयात होगी।

हम जिसे
उम्र-भर
समझते रहे अपना सच,
वो बस
आदतों की परछाईं थी–
ये बात भी
एक रात होगी।

हर सवाल का जवाब
ढूँढते-ढूँढते
थक गया हूँ,
शायद
कुछ सवालों की क़िस्मत में
बे-जवाब ही
बात होगी।

मैंने चाहा था

कि सब कुछ
समझ लूँ
इस सफ़र में,
अब समझ आया–
समझ से परे रहना ही
राहत होगी।

अगर कभी लगे
कि सब कुछ
यहीं ख़त्म हो गया,
यक़ीन रखना–
यही ख़त्म होना,
असल शुरुआत होगी।

4. दौड़

चलते रहे हम उम्र भर, रुकना नहीं सीखा कभी,
दौड़ में उलझे रहे इतना, चलना सीखा नहीं कभी।

नए क़िले फ़तह करने हैं अभी,
गर काफ़िले में वुजूद दिखाना है कभी

दर्द-ए-दुनिया भी बाँटने हैं अभी,
पर वक़्त–यह ठहरना जानता ही नहीं कभी।

रुकना है हार, थकना है कमज़ोरी अभी,
इस शोर में अपने दिल को सुना नहीं कभी।

साँसों का हिसाब भी रखा, वक़्त का अंदाज़ भी,
बस नहीं समझे, राह कौन सी चुननी है कभी I

जब गिनती करी हासिल की कभी
क्या खो दिया, क्या पाने को, समझे तभी I

5. अनकही परतें

मुआफ़ करना ऐ ज़िंदगी,
तेरे एहसासों को लफ़्ज़ों में ढालने की
हिमाक़त कर रहा हूँ मैं।

तू जितनी गहरी है,
उतनी ही अनकही—
और मैं बस उन अनकही परतों को
काग़ज़ की सतह पर
हल्के से छूने का
जतन कर रहा हूँ।

अगर कहीं कोई लफ़्ज़
कम पड़ जाए,
या कहीं कोई दर्द
कुछ ज़्यादा उभर आए—
तो समझ लेना,

ये मेरे नहीं,
तेरे ही क़िस्सों की
गूँज है।

6. हासिल ?

ना बारिश, ना तूफ़ान – फिर भी
फ़िज़ा में यह बैचेनी-सी क्यों है?

मंज़िल भी है, कामयाबी भी है,
फिर रूह में यह ख़लिश क्यों है?

इख़लास, मोहब्बत, प्यार – सब कुछ तो है,
फिर भी जीने का कोई सबब तलाशती
यह ज़िंदगी क्यों है?

शायद...
हाथों में ही डिक्शनरी ग़लत है–
हम मायनों को ढूँढते कहीं और हैं,
और मतलब कहीं और हैं।

7. ख़लिश

खोए हुए बच्चे की मानिंद,
ज़िंदगी के मेले में
ख़ुद को ढूँढता हूँ मैं।

हर तरफ़ शोर है,
रोशनी है, रौनक है–
मगर दिल कभी धीमे से कहता है,
"तू कहीं खो गया है।"

दुनिया की ज़ुबाँ में
कामयाबी
ज़िंदगी की हासिल तो नहीं,
भीड़ की तालियाँ
मंज़िलें तो नहीं।

पर भीतर गहराइयों में
अजीब-सी एक ख़ला है–
एक सूना कमरा,
जाने कब से
किसी के आने की
राह तक रहा है।

गिला तो नहीं–
उम्र का हिसाब है,

या दिल की ख़लिश–
बहुत कुछ खो दिया
कुछ पाने को।

रिश्ते, लम्हे, मोहब्बतें,
छोटे-छोटे सुबकते सुख–
सब राह में खड़े थे,
मैं तो बस
हासिल की तरफ़
दौड़ता चला गया।

अब देखता हूँ तो लगता है–
ज़िंदगी का मेला
तो वैसा ही है,
बस मैं बदल गया हूँ।
और शायद अब भी
उस खोए हुए बच्चे की तरह
थोड़ा-थोड़ा
ख़ुद को
ढूँढ रहा हूँ मैं।

8. मुफ़्लिसी

मुफ़्लिसी सिर्फ़ जेबों का खालीपन नहीं होती है,
यह वो सच्चाई है जो अक्सर ख़ामोश ही रहती है।

ख़्वाब ज़रूरतों से पहले हारने लगते हैं,
जब रोज़मर्रा की ज़िंदगी बोझ ही बन जाती है।

शिकायत की भी एक क़ीमत चुकानी पड़ती है,
इसलिए मुस्कान ही अक्सर ढाल ही बन जाती है।

उस दौर में इज़्ज़त सबसे नाज़ुक होती है,
संभाल कर रखी जाती है, तब भी काँप ही जाती है।

कम में जीने की तमीज़ वहीं से आई शायद,
जहाँ हर चाहत ख़ुद से पहले ही रुक जाती है।

आज जो कुछ भी है, उसी दौर की देन है,
जो टूटने से पहले हमें संभलना ही सिखाती है।

9. लौट आया बचपन

कभी धुन बन के, कभी ख़ुशबू बन के
लौट आया है बचपन,एक छलिया बन के

न सवालों की भीड़ थी, न हासिल की दौड़
दिन गुज़रते थे अपने आप, हल्के-हल्के बन के

जेबें ख़ाली थीं, पर मन कभी ख़ाली न था
ख़्वाब पलते रहे आँखों में, सच्चे-सच्चे बन के

वक़्त तब शायद रुक-रुक कर चलता था
या हम उसे बाँध लेते थे, अपने हिस्से बन के

आज सब कुछ है, मगर वह सादगी नहीं
जो कभी साथ रहती थी, अपने जैसी बन के

जब थक कर मैं पीछे मुड़ के देखता हूँ
बचपन आकर कंधे पे रख देता है हाथ
बिना कुछ कहे, बस अपना बन के

10. दुआ

जो मिला है, उसी में
मैं सब्र की दुआ माँगता हूँ।
ज़्यादा पाने की नहीं,
ख्वाहिशों को सँभालने
की दुआ माँगता हूँ।

न बहुत नाम चाहिए,
न ऊँची उड़ान,
थकन में एक ठहराव
की दुआ माँगता हूँ।

मंज़िल अगर देर से मिले
तो शिकवा न हो,
राह में अँधेरा न हो–
भरोसे की रौशनी
की दुआ माँगता हूँ।

हाथ खाली हों
तो भी दिल भरा रहे,
हर हाल में
थोड़ी-सी मुस्कान
की दुआ माँगता हूँ।

जो टूटने लगे
तो संभलने की हिम्मत दे,
ख़ुद से मिलने की
एक जायज़ राह
की दुआ माँगता हूँ।

जवाब न मिले सफ़र में
तो भी अधूरी बात न हो,
हर ठोकर से सीख की
की दुआ माँगता हूँ।

ख़्वाब खो भी जाएँ कहीं
तो खुद पर हो यकीन,
एक नई सुबह
की दुआ माँगता हूँ।

11. उड़ान

कैसे कह दूँ कि ज़िंदगी में
एक ख़ला-सा तुमसे है...
जबकि सच तो ये है–
ज़िंदगी को मुकम्मल भी
तुम्हीं ने किया है।

तुम्हारी खिलखिलाहटों से,
उन ओस-भरी सुबहों से
घर के हर कोने में
एक मौसम बसता था।

अब वही कमरा है–
धूप आती है, पर अटका-सा,
जैसे तुम्हारी आवाज़
किसी परत में रह गई हो।

कुर्सी पर रखा दुपट्टा
अब भी बतियाता है–
"जल्दी में गई हो शायद...
लौट कर आओगी एक दिन।"

खिड़की के बाहर उड़ती
दो छोटी परिंदियाँ
याद दिलाती हैं–

उड़ान ही उनका मुक़द्दर है,
थमा रहना तो बस
पिताओं का फ़र्ज़ होता है।

हाँ, कुछ पल हैं
जब दिल अपनी ही धड़कनों से
पूछ बैठता है–
"इतना सन्नाटा क्यों है?"
पर उसी वक़्त
गर्व की कोई किरण
छाती में उतर आती है–
कि मेरी ही रगों से निकली
दो रौशनियाँ
अब दुनिया को चीर कर
अपनी राहें बना रही हैं।

कैसे कह दूँ कि ज़िंदगी में
ख़ला तुमसे है–
ये ख़ला ही तो सबूत है
कि रिश्ते कितने गहरे है
और तुम्हारा होना ही
ज़िंदगी को पूरा करता है।

12. रंग-ए-हयात

ज़िंदगी की किताब में तू
रंग भरता चल...
चाहे वो रंग
ख़ुशियों के हों,
या ग़म के
धुँधले साये हों–
तेरी दास्तान के
दोनों ही पन्ने हैं।

कुछ रंग
शोर से
बिखर जाते हैं,
कुछ ख़ामोशी में
और गहरे
उतरते हैं।
कुछ मौसम की
धूप में
उड़ जाते हैं,
कुछ दिल की
तहों में
समा जाते हैं।

ग़म के ही सही,
तू रंग भरता चल–

ये धुँधले
दिखते हैं,
अक्सर
गहरे होते हैं।
कभी कलम
काँपे–
तो काँपने दे,
कभी आँसू
गिरें,
तो गिरने दे,
क्योंकि हर
धब्बा,
हर लकीर
तेरे सफ़र की
गवाही है।

तू रंग भरता चल,
ऐ ज़िंदगी–
क्योंकि कहानी
तभी मुकम्मल होती है
जब ग़म
और ख़ुशी–
दोनों
अपनी-अपनी
छाप
छोड़ जाते हैं।

13. ख़ला का जहाँ

अक्सर कहते हैं कि ख़ला
सिर्फ़ एक खालीपन है,
मगर मैंने महसूस किया—
कि ख़ला का भी
अपना
एक जहाँ होता है।

एक ऐसा जहाँ,
जहाँ रूह
अपने ही वीराने से
बात करती है;
जहाँ आवाज़ें नहीं,
सिर्फ़ एहसासों की
गूँज है।

जहाँ ग़म,
वीरानगी,
तन्हाई—
सब मिलकर
एक अनदेखी
बस्ती बसाते हैं;
मगर यह
सन्नाटा भी
कहीं-न-कहीं

उसकी ही
रूह का
हिस्सा है।

गुमां होता है
कि सैकड़ों ख़लाओं से
मिलकर
यह पूरा जहाँ
बना है;
और हर ख़ला में
कोई दबी
आह,
कोई अनकही
कहानी
सोयी है।

और शायद
इन्हीं ख़लाओं के
बहाव में
हम
ख़ुद को
पहचानना
सीखते हैं।

14. घोंसले से उड़ान तक

पन्ना १
माँ अपने आँचल में न जाने कहाँ से सुकून का रंग लाई,
कमबख़्त—उससे मीठी नींद फिर ज़िंदगी भर न आई।

पन्ना २
स्कूल से बचने के हज़ार बहाने—
कभी पेट में दर्द, कभी सर में ठिकाने।

पन्ना ३
पीपल तले सहेलियों संग गप्पों के मेले,
कच्ची अमियाँ नमक संग—बचपन के वो झमेले।
माँ के मना करने पर भी बारिश में भीग जाना,
थोड़ा रूठना, फिर हँसकर मान ही जाना।

पन्ना ४
भाई पर उमड़ता ढेर-सा लाड़-प्यार,
खाना खिलाने को माँ से रोज़ तकरार।

पन्ना ५
रात भर पढ़ाई, सुबह होते ही फुर्र—
टीचरों की शक्लें लगतीं जैसे कोई ख़तरा उभर।
इम्तिहान का नाम सुनते ही बुख़ार चढ़ जाना,
किताबों संग हर रोज़ जंग लड़ जाना।

पन्ना ६
माँ की हिदायतें, सहेलियों के छोटे-छोटे राज़,
बड़े हो जाने का एहसास... और ख़ुद पर थोड़ा-सा नाज़।

पन्ना ७
आज के सपने, कल पर रिश्तेदारों के सवाल,
अनचाही उम्मीदें—और दिल में उठता हल्का-सा मलाल।

पन्ना ८
घर से बाहर निकली तो घर की यादें लिपट गयीं,
बिखरी-सी ज़िंदगी में हर रोज़ नई दिशाएँ बुन गयीं।

पन्ना ९
पहला हासिल, पहली कामयाबी—
सफ़र में बढ़ता मान, रिश्तों की बदलती ताबीरें अजनबी।

पन्ना १०
कहीं किसी ख़्वाब में खोयी, किसी अजनबी को ढूँढ़ती,
धीरे-धीरे उसकी याद में ही मुस्कराती, उसी में सोती।

फिर वो दिन आया—
जब मौसम ख़ुद ही खुशरंग हो गया,
उसकी दस्तक में
न जाने कितने अरमानों का
कारवाँ आ गया।

पन्ना ११

“दिल की ऐ धड़कन, ठहर जा–
मंज़िल मुझे मिल गयी।”

हमारी दुआ है–
तुम्हारे हर ख़्वाब की ताबीर अब शुरू होगी,
और तुम्हारे हाथों रखी बुनियाद पर
जो आशियाँ खड़ा होगा–
तुम्हें हमेशा
उस पर
नाज़ होगा।

15. सुकून

पत्ते हमें भी बाँटे गये थे,
बाज़ी भी हमने खेली थी;
दौड़ में मंज़िलें भी मिल गईं,
मगर तुम्हें
गवां बैठे।

मीनारें तो ऊँची उठा लीं,
नाम भी रोशन कर लिया—
पर दिल का
छोटा-सा चबूतरा
आज भी खाली है,
जहाँ सुकून
आकर बैठा
करता था।

16. तिलिस्म

मालूम है उसे–
ये महज़ तिलिस्म है,
हवा में खड़ा
एक ख़्वाबी महल;
मगर फिर भी वही–
टूटते पत्थरों के बीच
अपना
आशियाँ
बनाता है
वो।

कहीं उम्मीद की
झिलमिल
रोशनी है,
कहीं तीरगी की
थकी
परछाइयाँ–
दो वक़्त की रोटी के लिए ही
ख़्वाबों को
रोज़
बनते–बिगड़ते
देखता है
वो।

कहीं आज के रोज़े की
कसक है,
कहीं कल के
सुहाने सपनों की
नर्म-सी
गूँज।
कहीं रिश्तों की
भारी
ज़ंजीरें हैं,
कहीं जुनून-ए-इश्क़ की
धड़कन।

कहीं फ़र्ज़ की
आह है,
कहीं वफ़ा की
चाह—
और इन दोनों के बीच
फ़र्क़
ढूँढता
फिरता है
वो।

कहाँ जाए फिर
वह?
सुने मुफ़्लिसी की
पुकार को?
या रिश्तों की

गुहार को?
ख़्वाबों के
गुबार को?

या उस नज़्म को
इज़हार दे,
जो उसके सीने में
बंद है?
वक़्त की गर्द में
दबा हुआ,
थका-मांदा,
आधा
टूटा—
रोज़
वह
तिल-तिल
मरता है,
फिर भी
कल की
उम्मीद पर
जीता है।

17. एक पल

क्या फ़ायदा कि उम्र-भर
होंठ दिलासों की ख़ातिर
मुस्कुराते रहें,
मगर परतों के पीछे
छुपे दुख
बार-बार
आँसू बनकर
निकलते रहें।

उम्र-भर
आँखें नम होकर भी
चमकती रहीं,
होंठ
बुझती हुई हँसी को
थामे
चलते रहे।

ज़िंदगी
एक लौ की तरह
जलती रही,
पर मेरी नज़र में
उसका उजाला
सिर्फ़
अँधेरे का

फैला हुआ
घेरा रहा।

इन सबसे बेहतर है
एक पल—

एक पल,
जो होंठों को
उनकी लय
लौटा दे।

एक पल,
जो आँखों को
उनकी तरतीब
लौटा दे।

एक पल,
जो ज़िंदगी को
परवाना बनाकर
मौत को
दे दे।

और फिर...
मेरा नाम,
मेरा अस्तित्व,
रुक चुके दिलों से उठते
धुएँ-सा

धीरे-धीरे
ओझल होता रहे।

लेकिन कहीं दूर–
किसी दिल के
अँधेरे में
कोई
मेरी धुँधली यादों पर
एक क़न्दील
जलाता रहे।

18. तस्वीर नहीं बनती

मानता हूँ...
तेरे दिल को ठेस
मैंने ही पहुँचाई है,
मुस्कराते हुए
उन होठों को
चुपके से
रुलाया है मैंने।

तेरे सामने
अपनी वफ़ा का
दावा भी
कैसे करूँ—
बेवफ़ाई की राख पर
वफ़ा की
तस्वीर नहीं बनती।

जानता हूँ...
जो ख़्वाब
अधूरा-सा
मैंने गढ़ा था,
वक़्त की गर्मी में
वही आज
धधक उठता है।

पर कैसे तुझसे कहूँ
कि मेरी मजबूरियाँ
क्या थीं–
फ़र्ज़ के जनाज़े पर
मोहब्बत की
तस्वीर नहीं बनती।

मैं दोराहे पर
खड़ा था–
बहार भी आई,
कली भी खिली,
मगर फूल बनने से पहले ही
पतझड़ ने उसे छू लिया।

कैसे समझाऊँ तुझे,
ऐ दिल–
अरमानों की डोर से
कभी
तक़दीर
नहीं बनती।

वही थे हम,
वहीं हैं हम,
दिल भी वही है–
हवा
फ़क़त
बदलती गई।

कैसे मानाऊँ तुझे–
भावनाओं से
हक़ीक़त की
तस्वीर
नहीं बनती।

19. ग़म-ए-महबूबा

मैंने तुझे
हर लम्हा
भुलाना चाहा,
तूने फिर भी
मेरी राहों में
दामन
फैलाया।

अपने वजूद को
तुझसे
हर लम्हा
छुड़ाना चाहा,
तूने
सेहरा की वीरान
राहों में भी
मुझे
पुकारा।

मैंने
तेरी तुझसे दूरी को
सराहना चाहा–

बीस बरस की
रफ़ाक़त का

सिला दिया
जब तुमने,
ग़ैर कहकर
तेरी दीवानगी को
उड़ाना चाहा।

और आज–
जब मैं
फिर से
अपने ही साए से
डरकर
लौटा हूँ,
तूने
मेरी नादानियों को
मुआफ़ करके
अपना दामन
फैलाया है।

आज–
जब चंद
बेवफ़ाओं की
ठोकर खाकर
आया हूँ,
मेरी बेवफ़ाइयों को
भुलाकर फिर
हमसफ़र
बनाया है।

ऐ “ग़म”,
तेरी वफ़ा की
दाद देने के लिए
आँखें
भर लाया हूँ–
मैं टूट गया था,
बिखर चुका था,
तूने फिर
मुझे
संभाला है।

20. गौरव

ज़िंदगी
हर रोज़
पूछती थी–
"और कुछ चाहिए?"

मैंने हँस के
कह दिया,
"बीता जो
बचपन है,
वही लौटा दे
यार।"

उसने
गोदी में
दे दी
एक नेमत
छोटी-सी।

बढ़ते देख उसे,
अपना
बचपन
देखा
मैंने।

बड़े होने पर भी
इख़लास वही,
ख़ुलूस वही–
सबकी
निगाहों में
बुलंद।

हमारा
गौरव
हो
तुम।

शुक्रगुज़ार हूँ,
ज़िंदगी–
तेरा;
तुमने
मुझे
मुझको
लौटा
दिया।

21. नींद से दूर

रात ख़ामोश है,
सुस्त-सी है
फ़िज़ा की धड़कन—
एक कसमसाती बेचैनी है,
उदास है
तन-मन।

तसब्बुर के पर्दे पर
तैरती हैं
तुम्हारी शोख़ नज़रें,
तुम्हारा लहराता जिस्म,
तुम्हारी गर्म साँसें—
अहसास पर
छाई हुई।

तुम्हारे
फूलों-से लब
बढ़ रहे हैं
अपने महबूब के
होंठों पर,
ढलका हुआ आँचल,
गुदाज़ बाँहें
मुझसे
लिपटी हुई।

रूठी हुई हो–
मेरी साँसें
तुम्हारे जिस्म पर
रेंग रही हैं,
तुम पलटकर
मुस्कराती हो,
तुम्हारी पलकें
मुझ पर
झुकी हुई।

नहीं...
नहीं...
यह ख़्वाब है।

तुम तो बहुत दूर,
एक पलंग पर
मेरी तरह
जागी आँखों से
नींद की
छाँव को
बुलाती होगी।

बलख़ाती ज़ुल्फ़
तकिये के
किसी कोने में
दबी होगी,

अपने सीने से
उस नन्हीं जान को
चिपटाती होगी।

ख़्वाब में
मेरा अक्स
जब उभरता होगा,
उसे
हक़ीक़त समझकर
दिल
बहलाती होगी।

यादों की किताब में
यह रात भी
अपनी
तहरीर
छोड़ जाएगी।

सच—
रात ख़ामोश है,
सुस्त-सी है
फ़िज़ा की धड़कन—
एक कसमसाती बेचैनी है,
उदास है
तन-मन।

22. शब-ए-इंतज़ार

ऐ दिल,
अब मान भी जा–
तड़प कर
उनकी याद में
और न
तड़प
अब।

ढूँढ रहा है
जिन्हें तू
इन ख़लाओं में,
वो भी
पुकार रहे हैं
तुझे
डूबते
स्याहों में।

ठहर जा–
बात
फ़क़्त
चार दिन की है।

फिर वही
तेरे होंगे,

वो आरज़ू–
जिनकी धड़कन में
तू बसा है।

जानता हूँ–
तल्ख़ हक़ीक़तों से
तेरा
वास्ता नहीं,
मेरी मजबूरियाँ
तेरे
क़ल्ब-ए-ग़म का
मुदावा नहीं–
बस
एक बेबस
बहाना है
मेरा।

ग़म-ए-दहर की
कोई वक़्त नहीं
तेरी
तंग-सी दुनिया में;
तेरी दुनिया
तो सिमटी है
महज़
महबूब की
चुनरिया में।

बात
फ़क़्त
चार दिन की है–
फिर
वो
तेरी बाँहों में
होंगे,
सेहरा में
सुलगते
ये लम्हें
शबनमी
बहारों में
ढल
जाएंगे।

ऐ दिल,
अब मान भी जा–
तड़प कर
उनकी याद में
और न
तड़पा
अब।

23. तलाश

बावला था मैं–
जो ढूँढ रहा था
दर-दर
उसे।

रहता तो वो
सदा से
यहीं–
हाँ,
मेरे ही भीतर,
रूह की
परतों में कहीं।

जब
नूर बनकर
दरिया की तरह
बहा,
तब जाना–
ख़ुद से
ख़ुदा का
फ़ासला
यूँ भी तो कम है।

बस
दरिया में
कूदकर
तआरुफ़
बनाना होता है,
और तैरते-तैरते
तआरुफ़ को
तअल्लुक़
बनाना होता है।

उसी को
दीन कहा,
यीशु ने
डिविनिटी,
और वेदों ने
ज्योति का
नाम दिया है।

डूबकर दरिया में,
ख़ुद में ही
ख़ुदा
समा जाते हैं—

शायद...
इसी को
इबादत
कहते हैं।

24. आशीष

हमारी दुआ है
कि ख़्वाबों की
ताबीर का
आग़ाज़ हो,
तेरे हर क़दम पर
रौशन
मंज़िलों का
साज़ हो।

तूने जो
नींव
मोहब्बत की
रखी थी कभी,
उसी बुनियाद पर
अब
इक ख़ूबसूरत
आशियाँ का
राग हो।

उड़ान भी हो,
सुकून भी हो,
सरपरस्ती भी–
तेरी हर राह में
बस

मेहर-ए-रहमत का
नवाज़ हो।

और जब
पूरा हो
तेरी चाहतों का
हर सफ़र,
तुझे
ख़ुद पर,
अपने फ़ैसलों पर–
यक़ीन भी हो,
और
नाज़ हो।

25. नन्ही कश्ती

तेरे छोटे-छोटे
क़दमों से
ज़िंदगी में
नए पन्ने
खुल गए।

तेरे गालों के
गुलाबीपन से
ख़ुदा के
रंग
घुल गए।

तू ही है
मेरा
आफ़ताब,
तू ही है
हमारा
आसमान—

तुझ पर
सब ख़्वाब मेरे,
तुझसे ही
सारे
अरमान।

दुआ भी
तुम,
हासिल-ए-दुआ भी
तुम—

राह भी
तुम,
मंज़िल-ए-हयात भी
तुम।

अब
इस घर की
ख़ुशियों की
सौग़ात भी
तुम।

26. लघु कविताएँ

i. **झूठ**

पापा नहीं बताते कि पैसों का कहीं से इंतज़ार है,
माँ नहीं बताती कि तबियत नासाज़ है।
इसी गुमराही में पलती है बचपन की हँसी–
और हम कहते हैं, ज़िंदगी कितनी ख़ुशगवार है।

ii. **हक़**

हक़ वो तितली है–
जो अनचाहे ही आकर बैठ जाती है;
गर पकड़ने निकलो,
तो बहुत दूर निकल जाती है।

iii.

अफ़सोस नहीं कि भुला दिया उन्होंने हमको,
अफ़सोस तो इतना है कि हम न भुला सके उनके भुलाने के ग़म को।

iv.

मैं सुलगा, जला, बुझा–यूँ ही बर्बाद हो गया;
ख़ुशी न बची, पर ग़म से दिल आबाद हो गया।

v.

सफ़े-ए-ज़िंदगी पलटे तो यूँ हुआ–
लफ़्ज़ वही थे, मगर मानी बदल गए।

vi.
हम ख़ुद में इतने मशग़ूल हुए कि एक दिन–
तआरुफ़ और तअल्लुक़ का स्वाद ही जाता रहा।

vii.
मुक़ाम मुश्किल न था,
बस इतना-सा हिसाब था–
अपनों और सपनों में से
इंतिख़ाब था।

viii.
स्याह-सफ़ेद लफ़्ज़ों की खूंटी पर आज भी–
ज़िंदगी के कितने ही ख़याल टँगे हुए हैं।

ix.
ज़िंदगी ने पूछा–"तेरा हासिल क्या है?"
ज़हन में उसी वक़्त तेरा अक्स उभर आया।

x.
मुझसे जीवन का मक़सद भी छिन गया–
जब राह में ही सारी सवारियाँ उतर गईं।

xi.
जीत का ये उन्माद क्यों, हार का ये ग़म क्यों–
मक़सद-ए-खेल का अंजाम अभी बाकी है।

www.ingramcontent.com/pod-product-compliance
Lightning Source LLC
Chambersburg PA
CBHW070647240926
51846CB00003BA/812
9789375103486